Les mots du
Ramadan

Khalid MOSSAYD

Les mots du
Ramadan

Comprendre la foi à travers le jeûne,
donner sens à la privation.

Mai-Juin 2017

Tous droits de reproduction d'adaptation et de traduction réservés pour tous pays

Copyright © Khalid MOSSAYD
Première édition

Contact auteur :
E-mail : khalid3961@yahoo.fr
www.khalidmossayd.com

ISBN : 979-10-90352-14-8 - EAN : 9791090352148

Présentation

Les textes que vous allez découvrir ont été écrits durant les 29 jours du mois de Ramadan de l'année 2017. A chaque jour son texte. L'objectif était de partager de manière quotidienne sur les réseaux sociaux la manière dont le Jeûne était vécu de l'intérieur. Ces textes s'adressent à tous, sans aucune distinction. A force de présenter le Ramadan comme le mois des pâtisseries orientales, des soirées festives et des repas gargantuesques, on finit par le diluer et lui faire perdre son sens véritable. Le mois de Ramadan se vit à l'unisson pour 1,5 milliards de musulmans à travers le monde. On se prive d'eau, de nourriture et de plaisirs charnels de l'aube au coucher du soleil. Cela nous permet de faire face à nous-mêmes et d'identifier nos véritables dépendances et d'entamer une réforme de soi et une remise en question sur ce qui nous fait être. Il est le mois des nuits de prière, de dialogue intime avec Dieu, de recherche d'amour et de paix. Il est le mois au cours duquel le Prophète Muhamad (bsdl) a reçu les premiers versets du Coran pendant sa retraite spirituelle, dans les hauteurs de La Mecque, depuis la grandeur de la Montagne de Lumière, dans le secret de la grotte de Hira.

Le Ramadan est un mois de recueillement qui exige un retour vers soi, la nécessité d'habiter son coeur des plus belles connexions, des plus beaux sentiments et donner sens à sa quête pour trouver sa voie. Je vous offre ces mots. Prenez-les, et si votre coeur s'apaise, ce sera ma meilleure satisfaction.

Que Dieu vous aime et vous protège.

Khalid MOSSAYD
Marrakech, le 25 Juin 2017

Merci pour votre présence !

Avant tout, je souhaite rendre hommage à celles et ceux qui ont accompagné mes mots durant tout ce mois de Ramadan :

Merci aux :

8842 Likes
1238 Commentaires
1458 Partages

بسم الله الرحمن الرحيم

Veille de Ramadan

Le Ramadan, la solitude et la prière...

Veille du mois de Ramadan. C'est le mois de la privation du corps pour reprendre possession de ton être afin de te réconcilier avec ton cœur et élever ton âme. C'est l'heure de la Prière du coucher du soleil (Al-Maghreb), et dans cette mosquée il se passe quelque chose. On s'aligne pour prier, mais cette prière est différente. On s'applique. On attend ce moment où va commencer à planer un air de spiritualité intense. Tes gestes sont différents, plus précis, plus calmes, et ils deviennent essentiels. Tes gestes apaisés sont le reflet de ton cœur qui s'apaise.

Ramadan pour qui tu ouvres la porte de ton cœur ; laisse-le entrer en ton être, dans ta vie et dans ta maison. Laisse l'amour se propager autour. Ramadan qui unit les cœurs et les familles, mais c'est aussi l'épreuve de la solitude avec soi, avec Dieu.

Combien sont-ils ? Combien sont-elles ? Celles et ceux qui vont s'apprêter à vivre ce mois dans la solitude, au milieu d'une communauté qui s'ignore ? Et puis il y a celles et ceux qui se questionnent : dois-je prier ?

Est-ce enfin le moment ? Dois-je reprendre ? Dois-je revenir ? Ne te pose pas la question. Fais seulement un pas vers ton cœur, un seul, et tu auras dix pas d'amour et de paix qui viendront à toi. Pose ton front à terre, murmure tes peines et avance. N'abandonne jamais. Ta quête est ton épreuve et je t'offre mes prières.

Châlon-sur-Sâone, 26 mai 2017.

1er Jour

On est face à nos insuffisances et à nos manques. On réalise de manière étonnante les dépendances de notre corps, les petites habitudes si anodines les autres jours mais si importantes pendant le Ramadan. Et puis il y a la maîtrise qu'on doit avoir sur soi. La colère te guette et combien aujourd'hui ont eu le regret de s'être emportés parce que dépendants au café, à la cigarette ou à la nourriture ? C'est maintenant qu'il faut s'humaniser.

Lorsque tu ne peux pas satisfaire ton corps, puise dans ton âme, dans ton cœur et dans ta force. Ton éducation spirituelle de toute l'année est en train de passer son examen pendant ce mois de privation. Et si tu réalises que tu n'es pas à la hauteur, commence ton travail sur toi-même. Satisfaire son corps ne suffit pas. Il faut éduquer son cœur. Et c'est le plus bel enseignement du Ramadan.

Aujourd'hui ton corps t'a enseigné tes "axes d'amélioration" et la privation te permet de prendre des décisions. Et ce soir, n'oublie pas de prier. Ce sera sûrement ton premier jour de prière, première nuit de dialogue sincère avec Dieu. C'est si apaisant de confier ses peines à Celui qui est "entre l'Homme et son cœur", un espace tellement infime que seuls les anges seraient capables de rapporter à leur Seigneur tes demandes les plus intimes. Essaie de prendre ton cœur et fais-lui toucher les cieux car ton cœur possède un droit sur toi : que tu commences ta quête pour l'apaiser.

Que votre Ramadan soit bénie.

27 Mai 2017

2ème Jour

Jeûner est une initiation. On vit l'expérience de la privation. Cette initiation est le miroir de nos faiblesses et de notre vulnérabilité. C'est l'un des enseignements les plus fondamentaux du Ramadan. Tu ne prends véritablement conscience de ta nature que lorsque ton corps est privé de ce qui le fait vivre. Mais jusqu'au coucher du soleil, tu n'es pas utile à ton corps et il te le fait comprendre : faim, fatigue, tension et colère parfois. Tu n'as pas demandé à naître dans cette enveloppe si fragile et pourtant tu y es installé et il faudra en prendre soin.

Priver ton corps c'est aussi lui rendre service. Tu lui fais sentir qu'avant la privation il goûtait souvent à l'excès. Et ton cœur est là pour reprendre la main sur ta vie. Ton cœur doit diriger, orienter et renforcer. Tu te retrouves donc seul face à toi-même et il t'arrive même de te demander qui tu es. La privation te renvoie à ton humanité. Cette vie est courte. Trop courte même. Ne te berce pas de l'illusion que demain sera meilleur ou que l'avenir te sourira. Saisis ton présent et il façonnera ta vie future. Apprends seulement à fermer les yeux et sentir ton souffle de vie. Tu y trouveras le sens. Le lien avec le divin se crée. Tout possède un sens et il est nécessaire d'y croire. S'il y a de l'amour dans ce monde, c'est pour que les gens puissent apprendre à s'aimer. Et si ce monde est souvent habité par la haine c'est pour éprouver notre capacité à y installer la justice. Mais tu n'es qu'un humain. Lorsque tu sens émerger ce qu'il y a de plus sauvage en toi, alors lève tes mains au ciel pour demander un peu plus d'humanité en ton cœur, un peu plus d'amour, pour ne jamais t'aliéner et pour que jamais ne cessent de briller les quelques étoiles qui apportent un peu de couleurs à tes émotions.

28 Mai 2017

3ème Jour

Jeûner c'est se réconcilier avec sa propre humanité. On identifie nos dépendances et il devient nécessaire de se regarder de l'extérieur. Certains auront la force de se remettre en question et d'être meilleurs, d'autres devront mener une lutte intérieure intense. Ce n'est pas tellement la faim et la soif dont il est question, mais c'est surtout d'apprendre comment la privation du corps peut élever et éduquer le cœur. Et quand vient l'heure de manger, il est important de trouver l'équilibre entre un corps qui se nourrit pour résister et un corps qui se nourrit de gourmandise.

L'épreuve de la paix...

Tu fais sûrement partie de celles et ceux qui ont commencé à prier pour la première fois. Étrange sensation que de se sentir si humain face au divin. Tes gestes sont sûrement maladroits mais ton cœur est ferme. Tu as envie d'aller jusqu'au bout. Tu te sens alors léger, le cœur en paix et tu te sens même capable de marcher sur l'eau. Tu pourrais résister à toutes les épreuves car ton cœur est en paix. Et quand tu repenses au mal que les humains t'ont fait subir, il te paraît tellement insignifiant. Mais cette paix est ton épreuve.

Tu dois la garder près de toi et ne jamais la laisser te quitter. Et si un jour elle venait à partir, garde son souvenir et dis-toi que ta quête sera de sans cesse être meilleur(e) pour à chaque fois goûter à cette paix. Tes actes devront être plus exigeants, ton cœur devra s'éduquer de manière plus intense. Ta quête c'est de faire tes provisions pour emplir ton âme. C'est ta première prière, ton premier dialogue avec Dieu et sans doute la première fois que tu confies vraiment tes peines.

Que Dieu te garde.

29 Mai 2017

4ème Jour

Le Ramadan doit se vivre dans la paix intérieure, comme l'impression de refaire connaissance avec notre cœur. On essaie d'éviter les conflits. Parfois on y arrive et parfois nous ne sommes pas à la hauteur. Mais il ne s'agit pas de rester assis et de creuser nos proches échecs. Il ne faut jamais se condamner et se complaire dans la faiblesse ou dans le manque de discernement. La paix intérieure se trouve d'abord dans la méditation, dans nos prières, dans notre lien avec le Transcendant. Le corps, s'il est seulement nourrit de manière suffisante et mesurée, commencera à trouver son équilibre pour se sentir mieux. Mais si au coucher du soleil le corps est gavé, il n'y aura aucune place pour la prière. Rassasier le corps à outrance c'est endormir le cœur et c'est s'oublier. La privation permet de comprendre et de donner sens au manque. On ne peut pas se donner le temps de la réflexion sur le sens si notre esprit est aveuglé par ce que nous allons manger ce soir. Le jeûne éduque et instruit. La privation apporte un peu de sagesse et nous en avons tellement besoin. Faire l'expérience de la privation c'est réaliser avec humilité le sens de notre humanité.

30 Mai 2017

Une pensée pour celles et ceux qui vont rompre leur jeûne dans la solitude. Rien n'est plus douloureux que de sentir son cœur vidé de l'amour des autres. Et demain est un autre jour. Que vos prières soient entendues.

5ème Jour

Le corps commence à s'habituer à la privation. Le coeur s'abreuve de paix et d'amour. Tu es seul(e) avec toi-même et il est toujours temps de faire le bilan. Il est possible, qu'au début de ce mois de Ramadan tu rencontres une épreuve. Deux voies s'offrent à toi : lutter et avancer, ou abandonner. Vivre l'épreuve dans la privation, c'est la double épreuve pour ton être. Comment encore avoir les idées claires quand nous sommes en situation de manque ?

C'est à ce moment précis que ton coeur doit prendre les rennes. Puise dans ce que tu possèdes d'amour pour affronter la peine, la solitude et la douleur. Tu es en pleine éducation, en pleine initiation. C'est une quête pour être meilleur(e). Le soir, quand tu te décides à prier, apaise-toi dans ta solitude avec Dieu. Parle-Lui. Dis-Lui tes faiblesses et n'inflige à ton coeur aucune culpabilité. Le passé s'effacera tant que tu apprendras que tu es capable de t'offrir une nouvelle vie. Même Dieu ne te condamnera pas. Tu es sûrement le/la seul(e) à te condamner. Quand tu imagines être perdu(e), Dieu t'offre Son Amour ; quand tu penses être seul(e), des Anges sont assis à tes côtés quand tu récites les mots de la paix ; et quand tu comprends que la vie c'est parfois l'ombre et parfois la lumière, dis-toi qu'il est préférable que tu te construises dans l'épreuve plutôt que tu te négliges en t'oubliant dans les illusions de cette vie.

31 Mai 2017

Cœur épris qui croyait prendre. Cœur s'est pris dans les filets d'un cœur à prendre. Cœur repris qui a su s'éprendre d'un cœur qui préfère se pendre plutôt que d'offrir son âme à l'amour.

6ème Jour

« *Au commencement, Dieu créa les cieux et la terre.* » Ce premier verset de la Bible, dans le Chapitre de la Genèse est le début de l'oeuvre créatrice de Dieu. C'est au 6ème jour que l'Homme fut créé et aujourd'hui, c'est le 6ème jour de jeûne pour un milliard et demi de musulmans à travers le monde. Les cieux nourrissent la terre par les pluies qui sont envoyées. C'est une belle image pour l'humain.

Il est temps d'emmener ton cœur en voyage. Emmène-le loin, très loin ; emmène-le là-haut, vers cet endroit ou règne le silence des âmes en paix. Eloigne-toi du bruit de ce monde qui te fait oublier que la sérénité existe. Isole-toi seulement le temps de te réconcilier avec toi-même. Comme la terre a besoin de l'eau qui vient du ciel, ton cœur a besoin de l'amour pour abreuver sa quête de sens. Et la lumière est apparue en ce monde en même temps que les ténèbres.

Et dans ceci, il y a un bel enseignement, car la vie est ainsi : un jour dans la lumière, un jour dans les ténèbres, un jour dans la joie, un jour dans la peine, et un jour dans la paix intérieure, un jour dans la tension et l'angoisse. Voilà comment la quête prend tout son sens et révèle toute sa beauté. Prendre la paix qui t'habite pour mieux affronter la peine qui t'attend. Et il s'agit de ne jamais oublier que tu n'es qu'un humain. Tu te tromperas, tu feras des erreurs, mais habitue seulement ton cœur à les reconnaître, sans penser que tu es condamné(e) et sans jamais avoir peur de te remettre en question et d'apprendre de tes erreurs. Apprends de tes manques, tu apprendras l'humilité. Fais ce voyage, avec ton cœur comme compagnon... Tes erreurs sont un cadeau quand tu les utilisent pour mieux avancer dans cette vie.

1er Juin 2017

7ème Jour

C'était il y a un an, un vendredi, sûrement à la même heure où j'écris ces lignes. J'étais Gare du Nord. Elle s'appelait Mélissandre. Elle m'avait offert un sandwich et une bouteille d'eau pour rompre mon jeûne. Elle venait d'apprendre qu'elle avait un cancer. Bien qu'elle ne croyait pas en Dieu, elle m'a demandé une prière. Les mois ont passé et sa mère m'a écrit en me disant : "Mélissandre est partie. Elle avait commencé à écrire un texte dont les derniers mots étaient : "Mon Dieu, ma paix."

Nos vies sont tellement insignifiantes et tellement fragiles. Chaque année je rendrai hommage à Mélissandre, une jeune fille qui n'a jamais vraiment eu le temps d'aimer. Vos 10 000 likes, vos 2000 partages et vos 300 commentaires lui ont fait tellement de bien. Elle aimait la vie et les gens, et elle avait toujours le sentiment que son coeur ne pourrait pas supporter les peines de ce monde. Si vous faites du mal autour de vous, réparez-le car on ne vit qu'une fois et si vous partez avant qu'on ne vous ait accordé le pardon, votre âme risque d'être torturée.

Que Dieu vous garde.

2 Juin 2017

8ème Jour

Personne ne vit le mois de Ramadan de la même manière. Durant ce mois, chacun(e) découvre en lui sa dépendance la plus profonde et on a l'impression de faire connaissance avec notre corps pour la première fois. On apprend chaque jour ce dont notre enveloppe charnelle se nourrit vraiment : la faim, la soif, le sommeil, la cigarette, le café, le sexe... On s'aperçoit de notre profonde vulnérabilité.

D'autres encore auront vécu ce mois de Ramadan pour la première fois et ils se surprennent d'y arriver. On ne peut pas comprendre les forces ou les faiblesses qui nous habitent si nous ne faisons pas l'expérience de la privation et de l'effort, car la privation à elle seule ne suffit pas. Elle n'a de sens que si nos journées restent les mêmes. L'effort le plus beau vient le soir, lorsque le repas fini, on commence à se diriger vers la prière. Ces nuits de prière sont un cadeau, et nous sommes encore dans les dix premières nuits de l'amour et de la Miséricorde. Jeûner c'est s'accepter dans nos manques et dans notre profonde nature humaine. Les jours passent et on se sent plus léger, plus clairvoyant, plus proches de notre cœur. Jeûner c'est s'accomplir dans le lien avec Dieu et c'est prendre conscience que rien sur Terre ne nous appartient. Nous nous servons, tout simplement, pour notre survie... Les fruits, les légumes, les poissons et les animaux terrestres sont une force pour notre corps, alors que la contemplation de la beauté de la Nature est une force pour notre cœur.

Quelque chose dans cette vie nous dépasse, et on s'étonne encore de voir l'humain dans son envie de dominer, de détruire et d'asservir. Jeûner c'est prendre conscience de notre limite corporelle et de la réalité de cette vie éphémère. Tout passe, et seul l'amour qu'on a offert nous accompagnera jusqu'à la mort.

3 Juin 2017

9ème Jour

J'essaie de l'atteindre... Ta Miséricorde. J'essaie de la construire... ma paix intérieure. J'essaie de le sentir... Ton Pardon et Ta Protection. J'essaie et nous essayons toutes et tous. Chacun(e) à sa manière se délivre de son poids, de son fardeau, de ses épreuves et de ses doutes. Il suffit uniquement d'un moment d'absence pour se laisser emporter. La vie est une lutte. On maudit souvent la solitude, mais n'est-elle pas utile ? Elle n'est qu'une pause dans notre vie et il faut apprendre à l'apprivoiser et à la comprendre. Angoisse ? Besoin d'affection ? Besoin d'amour ? Besoin d'une présence ?

Qu'est-ce vraiment la solitude ? Nous n'aimons pas être seul(e)s, mais combien de fois avons-nous eu l'envie de nous isoler du monde ? Nous serions étonnés. Ne cherche pas de manière maladive à être accompagné(e). Apprends d'abord à t'accompagner, à tenir compagnie à ton cœur, ce cœur que tu n'écoutes que trop rarement. Comment pourrais-tu être utile à l'autre si tu ne sais pas prendre soin de toi ? N'attends jamais de l'autre qu'il réalise pour toi ce que tu n'as pas le courage d'entreprendre. N'attends pas des autres qu'ils remplacent ta volonté. L'autre t'apporte la force et le courage et te montre souvent le chemin, mais le premier pas t'appartient. Personne ne peut faire les choses à ta place et personne ne construira non plus ton bonheur à ta place. Il y a un paradoxe dans le Jeûne du mois de Ramadan. On nous apprend qu'il est le mois de la privation et du partage. Il serait donc le mois où le monde est ensemble et les familles se réunissent. Mais la solitude est une privation. Vis-là de cette manière. Accorde-toi avec elle car elle ne fait que te mettre face à ta propre dépendance. Et Parle un peu à ton cœur parce que depuis que tu es né(e), il est le seul à accueillir tes peines.

4 Juin 2017

10ème Jour

Jeûner ce n'est pas uniquement vivre l'expérience de la privation. C'est un cadeau car cela permet d'être face à nos réelles limites. C'est l'occasion de reprendre possession de son être.

Dix jours déjà ...!

Dix premiers jours d'amour et de miséricorde. Viens ! Je t'invite à aller chercher dans tes souvenirs. Invite ton cœur aussi. Te souviens-tu d'un moment de ta vie où ton cœur a cédé à Son Amour ? Elle est étonnante cette expression : « céder » à l'amour ! Comme une digue qui plie lorsqu'elle est submergée par une vague redoutable et puissante. Souviens-toi de cette nuit au cours de laquelle ton cœur s'est abandonné à Dieu... Tu t'es livré(e) à Lui. Tu as succombé au pouvoir de Sa Miséricorde et de Son Amour. Ton âme s'est inclinée et tu as compris l'humilité. Reprends contact avec ce moment où il n'y avait que toi, ton cœur et Lui. A cet instant, aucun humain n'était capable de t'apaiser. Tu as senti ton cœur se détacher de ton être pour partir et flotter quelque part dans la paix qu'il recherche tant. Tu joignais tes mains pour prier, pour demander, et tu pensais à ta vie. Ce n'était pas une prière superflue, c'était comme la porte des étoiles qui s'ouvrait à toi. Tu as fait l'expérience du secours et de la tendresse. Le cœur était si léger. Plus rien ne pouvait t'atteindre et tes larmes tombaient sur ton cœur telles des gouttes chaudes et apaisantes. Tu pouvais presque sentir les anges les essuyer et t'offrir un baiser pour apaiser tes peines. Leurs ailes te protègent le temps pour toi de reprendre connaissance et de revenir du monde des âmes tranquilles. Et tu as essuyé tes larmes pour te retrouver de nouveau au bord de cette vie pour y faire fleurir encore un peu d'amour en ton cœur et pour dire adieu à ton épreuve.

5 Juin 2017

11ème Jour

Moments de pardon

Tu entres dans une nouvelle étape du jêune... Au pardon que tu cherches, à la voie que tu prends, le Pardon s'exprime comme un besoin. C'est une quête permanente et le pardon n'existe que parce que la remise en question existe. Mériter le pardon, c'est accepter de changer et c'est s'accepter dans ses propres contradictions et dans ses propres défaillances.

Tu trouveras sur ta route des cœurs indifférents à tout, et ton épreuve sera de garder intact le cœur qui te fait être pour ne pas sombrer aussi dans l'indifférence et l'insouciance. Lorsque ce monde te paraît vide d'humanité, c'est que ton cœur te parle pour exprimer la tension qui l'habite. Il faut l'écouter et il est nécessaire de ne jamais laisser échapper notre nature, notre identité émotionnelle et spirituelle. Si tu penses être différent(e) parce que tu aimes les gens, c'est que la société a bien pris soin de malmener l'Amour et de le vider de son vrai sens. On a l'impression qu'aimer l'autre, être sincère avec lui ou être empathique est devenu une anomalie. L'intérêt prime souvent. Nous pouvons faire des erreurs et elles sont utiles si elles deviennent des enseignements.

On dit bien que « l'erreur est humaine », mais l'humain n'est pas une erreur ou quelque chose d'étrange. L'humain est un souffle de vie, une étincelle de douceur et un brasier d'amour. Et garde à ton esprit que si Dieu ouvre grand la porte du Pardon, c'est qu'Il cherche d'abord à t'aimer avant de te montrer Sa Colère. Alors cherche Son Pardon et Il t'offrira Son Amour. Et ne te condamne jamais car le poids de tes fautes, aussi lourd soit-il, ne peut rivaliser avec les larmes que tu as versées pour être meilleur(e).

6 Juin 2017

12ème Jour

Et la plume accompagne toujours. Elle n'est que l'expression de ce qui habite le cœur. Le mois de Ramadan est un mois de partage, et on y partage tout : la privation se vit ensemble, les repas se font ensemble, les personnes seules expriment leur solitude d'une même voix et les mots du cœur se partagent aussi. Partager ce n'est pas tout donner de soi, c'est seulement offrir un peu de soi qui allège la peine de l'autre. Et si tu arrives à tout donner, j'envie ton âme. Et je vous offre ces mots d'une méditation de tous les jours car notre être doit se lier en permanence avec le sens pour le transmettre. Parfois les mots sont des larmes, parfois ils sont des sourires. Si ces mots vous apaisent, alors prier pour un être qui prend conscience chaque jour que la vie est courte. Et on prie aussi en souvenir des êtres aimé(e)s qui nous ont quitté trop vite. Un départ qui ne laisse pas le temps de dire adieu. Ils partent et seuls nos souvenirs restent et seules nos prières les accompagnent.

Que votre soirée soit belle, loin des erreurs qui aliènent, loin des paroles qui blessent et proche du Pardon, de l'Amour et des prières qui apaisent.

7 Juin 2017

13ème Jour

Jeûner c'est prier. Prier c'est mettre son cœur, son âme, son esprit et tout son être en posture de dialogue avec Dieu. Prier c'est comme écrire une lettre à Dieu, une lettre à l'Amour, une lettre au Pardon et à l'immensité de Sa Miséricorde. Les mots de cette lettre sont parfois l'expression de nos doutes, pour que le cœur s'apaise. Ils peuvent être aussi l'expression de nos questions.

Pourquoi l'épreuve ? Pourquoi telle situation ? Pourquoi la maladie, l'absence ou la solitude ? Autant de questions que tu adresses à Dieu. La réponse te viendra sur le chemin de ta quête. Sois patient(e). Quel sens aurait la sagesse si nous avions immédiatement les réponses à nos questions ? La sagesse est aussi une belle quête. Elle façonne le cœur et elle se transmet, elle se partage.

Et dans tes prières, dans tes mots, tu envoies cette lettre du cœur portée par les anges jusqu'aux limites des cieux. C'est un lieu plein de silence où seul le bruit des cœurs en peine arrive comme un murmure près de Dieu. Il accueille tes mots avec amour et Il t'offre Son Pardon. Ton regard se pose alors sur le monde et si ton présent te paraît sombre, sache que la seule clé de ton avenir est la volonté que tu y mettras pour être meilleur(e) et être une paix pour les êtres aimé(e)s. Et tu continueras à offrir aux autres l'Amour qu'Il t'a offert.

8 Juin 2017

14ème Jour

Tu as donné rendez-vous à l'aube et cela demande de l'exigence. C'est lutter contre sa propre fatigue pour honorer le rendez-vous de l'Amour et de la Paix. Ta foi t'emmène dans un monde tranquille parce que tu refuses l'insouciance. Tu deviens attentif à ton cœur, attentionné envers ton être et vigilant à la manière dont tu vas vivre les épreuves de la vie. L'insouciance te dicte le déni et te pousse à te mentir à toi-même trop souvent. Il est dur d'entendre les paroles de vérité qui te remettent en question et il peut te sembler insoutenable d'écouter la peine de l'autre.

Le cœur n'est pas un rempart, il est une source que tu dois distribuer avec modération, sans te priver, sans te dénaturer et sans t'aliéner. Et si tu deviens insouciant dans l'amour, tu aveugles ton cœur et il est possible que lorsque le voile se lève, ton cœur aura la surprise de constater le champ de ruines que tu as semé. Et comme d'habitude ce sera à ton cœur de tout réparer. N'oublie jamais les rendez-vous de l'aube, ces prières dans le silence... C'est toujours à cet instant que le souffle de l'Amour Divin caresse ton âme pour lui offrir le Pardon et la volonté d'avancer.

15ème Jour

Prendre soin...

Le mois de Ramadan est une introspection et une remise en question. On arrive à identifier nos faiblesses et nos manques. C'est donc d'abord un regard sur soi. Mais au-delà du "soi", le jeûne c'est aussi le lien à l'autre. Si la privation affaiblit notre être, c'est aussi pour mesurer notre capacité à rester fidèle dans notre amour à l'autre. On peut tomber dans le piège de ne s'occuper que de soi : "notre" privation, "mes" manques, "mes" besoins, "ma" difficulté... Et toutes ces tensions doivent se vivre ensemble et la meilleure manière est de trouver du sens dans le fait de continuer de prendre soin de l'autre.

Chaque regard de bienveillance qu'on offre à l'autre est un cadeau et une paix. Dans les prières, il faut penser à l'autre. Devenir altruiste dans la privation c'est éduquer son cœur à être attentif à la douleur de l'autre, à ses besoins et à sa misère parfois. Nous avons tous connu ces gens qui n'avaient rien et qui nous ont tellement offert dans nos épreuves. Ils avaient peu mais ils ont tellement donné de leur cœur. C'est le vrai sens de prendre soin de l'autre. Donner sans rien attendre et offrir parce que notre humanité nous le dicte.

Nice, 10 Juin 2017

16ème Jour

Parfois tu rencontres sur ta route des gens qui se questionnent. Ils peuvent aussi avoir besoin de l'autre pour trouver des réponses à leurs questions et à leurs tensions. Il est souvent très difficile de trouver les mots pour apaiser. On aimerait convaincre, on aimerait que les gens regardent le monde à travers la fenêtre de notre coeur. Mais chacun possède sa propre histoire, chacun a été façonné par une expérience différente et chacun réagit à sa manière aux épreuves de la vie.

Alors, lorsque tu observes le tiraillement des âmes en peine, tu ne peux offrir que des mots, seulement des mots et rien d'autre. La vie se chargera de l'initiation de celles et ceux qui cherchent le sens. N'essaye pas d'imposer aux autres ce qui habite ton coeur. Essaye seulement d'accompagner avec amour et dans la paix le coeur des êtres aimés et de celles et ceux qui savent vivre les épreuves auprès de toi.

Beaune, le 11 Juin 2017

17ème Jour

Déverrouiller son coeur

On dit que le coeur est le siège des émotions et que le regard en est la porte et l'accès. Il est donc important de prendre soin de ce coeur car sa bonne santé spirituelle et physique détermine la bonne santé de notre être. Aussi, pour reprendre contact avec ce qu'il y a de plus beau en ce monde, il est nécessaire de ne pas malmener nos émotions et de ne jamais fermer son coeur à l'amour et à la paix. Il ne faut pas confondre "protéger son coeur" et "verrouiller son coeur". Se protéger c'est ne pas baisser la garde trop facilement et ne pas être naïf. Il faut avancer à pas feutrés et avec prudence, sans commettre deux fois la même erreur.

Verrouiller son coeur c'est s'interdire d'aimer de nouveau, c'est empêcher les émotions de nous apaiser. Pour certain(e)s, le coeur est tellement fermé qu'il ne laisse plus entrer aucune lumière. Le coeur ne devient que l'ombre de lui-même et les émotions négatives ne font que s'entasser. Apprendre à déverrouiller son coeur c'est réaliser que la vie, malgré les épreuves, vaut la peine d'être vécue. Il n'y a pas de voie royale pour vivre sa vie. Il suffit simplement de rester soi-même, de ne jamais laisser personne nous juger, de ne jamais se condamner soi-même, et de ne pas se dévaloriser. Chacun(e) a une pierre d'amour et de paix à apporter en ce monde. Il suffit de la déposer, délicatement, sans la briser...

12 Juin 2017

18ème Jour

Jeûner fait désormais partie de ton quotidien. Les jours passent et tu regardes en arrière. Tu revois les premiers jours, la difficulté, la constance qu'il faut avoir et les nouveaux engagements que tu dois prendre envers toi-même. Tu réfléchis désormais à un nouveau rythme que tu prendras à la fin du mois de Ramadan car tu as compris et ressenti le bien que cela procurait à ton esprit, à ton cœur et à ton corps. De belles résolutions n'est-ce-pas ? Mais n'étaient-ce pas les mêmes que l'année dernière, les mêmes que les années précédentes ? Combien ont tenu ces résolutions ? La vie est ainsi faite... On vit de belles choses et on oublie. Mais la réalité est que la vie de chacun(e) est un roman. Cela peut commencer par une belle histoire, et soudain les épreuves, et si tout va bien on devient le héros de sa propre vie et on arrive à surmonter et faire face... Vivre, tout simplement.

Va chercher tes belles histoires au fond de toi. Il y en a certainement. C'est le coffre de tes souvenirs. Tu y trouveras des histoires laides, mais assieds-toi et laisse-toi emporter dans le labyrinthe de ta mémoire. Si tu penses que ta vie est insignifiante, détrompe-toi. Tu dois seulement savoir comment la regarder autrement de manière à apprendre et à transmettre.

Même si tu as l'impression de n'avoir rien vécu, tu as fais tes choix. Même si tu as l'impression d'avoir perdu ton temps toutes ces années, ne reste pas sur cette idée car le présent t'appartient pour construire ton avenir. Chaque vie est différente et unique. Toutes les leçons de vie sont autour. Tire profit des expériences de chaque personne qui t'entoure et en premier lieu de tes parents et de tes grands-parents. Si tu ne les as plus, reprends contact avec leur souvenir et avec les mots qu'ils t'offraient. Et si tu n'as jamais eu aucun parent autour de toi, sache que la privation t'offre des qualités et une force que les autres n'ont pas. Et tu comprends la même sagesse de la privation dans le jeûne : se priver pour faire émerger en toi des forces que tu ne soupçonnais même pas.

13 Juin 2017

19ème Jour

Ces dix derniers jours ont ouvert une belle fenêtre sur les portes de la Miséricorde et du Pardon. Combien de fois, en te retrouvant le front à terre, as-tu senti quelque chose de lourd se déposer sur ton cœur ? C'est lourd et doux à la fois, comme l'étrange sentiment que tu as reçu une responsabilité pour laquelle tu dois être à la hauteur.

Ton cœur a reçu la possibilité d'être meilleur(e). Tu as déposé ton front à terre et Il a déposé en ton cœur le cadeau du pardon et le pouvoir apaisant de Sa Présence. Et lorsque ton être se met en route sur le beau chemin de la prière, ton regard sur le monde devient clairvoyant. Les signes de la Nature se proposent à tes yeux et se déposent dans ta vie. Tous tes sens reçoivent les signes comme une paix qui t'élève, et les douces sonorités de la Nature font écho à ton âme qui répond comme des battements intérieurs aux mélodies de tes émotions.

Lyon, le 14 Juin 2017

20ème Jour

Revivre...

Je ne souhaite pas que ce mois de Ramadan se termine. J'ai appris tellement sur moi-même et j'aimerais en apprendre encore plus. Chaque fois que je prends ma plume pour partager avec vous quelques mots de paix, les émotions s'invitent et il y a beaucoup à dire. Mais il suffit simplement de s'arrêter un moment pour revoir ce qui fait une vie. On se fixe un objectif. On rêve d'un idéal. Et si nos objectifs ne sont que des finalités on serait tenté de percevoir nos échecs comme la fin de tout. Or la vie n'est pas faite ainsi. On tombera toujours et il faudra trouver sans cesse la force de se relever. Aujourd'hui on a posé la question à des lycéens : "Pour trouver le bonheur, faut-il le rechercher ?" Le bonheur ne se trouve pas, on doit seulement le saisir quand notre cœur le reçoit. S'il fallait chercher le bonheur, faudrait-il donc éviter le malheur ? Mais cela serait si simple si nous étions dans le secret de l'avenir. La vie est une quête vers la paix intérieure et vers la compréhension du sens. Tant que tu auras mis du sens dans tout ce que tu fais, ton cœur sera en paix. L'humain a toujours cette faculté de sans cesse vouloir comprendre ce qu'il fait et ce qui lui arrive. On se pose souvent la question : "Pourquoi suis-je malheureux ? Suis-je puni(e) ou maudit(e) ?" Pose-toi d'abord la question de savoir pourquoi tu es heureux quand le bonheur frappe à ton cœur, car comprendre les clés du bonheur est plus facile que de se torturer sur l'incompréhension du malheur.

Valleiry, 15 Juin 2017

21ème Jour

Dans nos actions quotidiennes, se pose très souvent la question de la sincérité. Cela devient une obsession. Certains doutent de leur propre sincérité et remettent aussi en question la sincérité des autres. Sache une chose : le cœur de l'autre ne te regarde pas. Les actes sont souvent l'indicateur le plus important. On peut avoir des actes en désaccord avec ce que notre cœur doit exprimer. Tu dis ce que tu ne ressens pas. Tu fais ce qui est incohérent avec ce que tes principes te dictent. Mais si tu penses voir des gens qui trahissent les principes auxquels tu crois, ne tombe pas dans le piège de la confrontation ou du débat stérile. Tu risquerais d'y perdre ton cœur. Fais le bien pour toi-même et laisse la vie se charger de celles et ceux qui mentent à leur cœur, qui mentent aux hommes et qui mentent à Dieu.

Avignon, le 16 Juin 2017

22ème Jour

Je veux que tu meurs...

Croire en Dieu n'est pas une faiblesse. Ce n'est ni une manière de se rassurer sur ce monde, ni un manque de discernement. Prouver que Dieu existe est un effort inutile. On peut chercher Dieu dans l'ordre de la Nature, dans sa beauté et dans sa perfection. Mais il y a un endroit où les gens cherchent peu : en eux-mêmes. L'humain à lui seul est un miracle, et pour le comprendre, il faut apprendre à s'observer et à sonder son âme. Le cœur est l'endroit d'où la foi émerge. Et l'âme est si fascinante. Elle possède en elle le bien et le mal. À toi de faire tes choix. À toi de t'embellir ou de t'enlaidir.

Parfois tu entends au fond de toi une sorte de grognement intérieur qui souhaite te précipiter dans l'abîme. Tu ressens souvent cette envie de déchaîner ton âme et de t'aliéner. Ce côté obscur est presque un "autre" en toi. Et il t'arrive même de lui parler et de lutter en lui disant : "Je veux que tu meurs". Tu as envie de tuer cette partie de ton âme qui ne souhaite qu'une chose : ta perte. Alors la vie devient une lutte. Plus tu feras le bien et plus ton âme sera belle. Et plus tu feras du mal, et plus tu deviendras laid de l'intérieur.

Dorian Gray est déjà passé par là. Ne transforme pas ton âme en monstre dépourvu de sentiments et ne te condamne jamais. Tout est possible. Vraiment. Tu ne pourras jamais tuer le mal qui t'habite. Tu pourras seulement le jeter dans une prison au fond de ton cœur dont les barreaux auront été forgés de paix et d'amour. Ne rend pas les autres responsables de tes douleurs, car tant que tu seras en vie, tu auras la chance de respirer un air nouveau. Il nous arrive de ne pas toujours être satisfaits de ce que nous possédons. On veut toujours plus. Il faut apprendre à vivre de ce qu'on possède. Si tu veux plus, donne-toi les moyens d'avoir plus, sans excès... L'âme est si fragile. Elle succombe trop facilement à l'ego et à l'insouciance. À trop vouloir rassasier notre âme, on sème la sécheresse en nos cœurs. La privation t'enseigne la retenue et la mesure. Et je suis certain que durant ce mois de Ramadan, de belles choses vous ont été offertes. L'année dernière, j'ai vécu le Ramadan le plus difficile de ma vie. Et cette année, je comprends avec douceur "qu'après la difficulté, vient la facilité." Je suis en paix, je vous en offre. Et il y aura encore d'autres épreuves. Je leur parlerai, je leur sourirai, et elles sont le cadeau qui m'aident à avancer.

Que votre cœur soit en paix.

17 Juin 2017

23ème Jour

Lorsque l'enfant nait, il ouvre les yeux dans la lumière. Elle est souvent très aveuglante au point qu'il ferme les yeux. Il vient à la vie par des cris et des larmes, et lorsqu'il repose son corps sur la peau de sa maman, ses larmes cessent. Dans l'amour de la mère, s'apaise la douleur de l'enfant. Tel est l'enseignement de la naissance, à l'image de cette vie.

Lorsqu'il t'arrivera de découvrir la réalité amère de cette vie et que tu n'auras que tes larmes pour exprimer ta douleur, cherche un peu d'amour autour pour t'apaiser. Si les êtres ne sont pas assez forts pour te l'offrir, alors oriente ton cœur vers le ciel car la lumière y est plus intense. N'attends pas que les nuages y mettent les ténèbres. Un peu d'ombre suffit. C'est de cette manière dont tu dois prendre soin de ton cœur. Mets-y seulement de l'ombre et de l'humilité. N'y sème pas les ténèbres. N'achète pas cette vie pour si peu. Ne vends pas ton âme pour un peu de trahison. Laisse seulement ton cœur te guider vers une belle lumière douce qui ne t'aveuglera pas et qui sera assez forte pour t'illuminer le chemin.

18 Juin 2017

24ème Jour

On oublie que la vie est tellement fragile. On oublie que rien n'est acquis, comme si l'éternité nous était offerte. Cette vie rend aveugle parfois : paillettes de la passion, illusions de l'amour et refus de croire que les êtres aimés partiront un jour. C'est réellement toute la question du sens que nous donnons à ce monde.

Cette vie rend muet, et être muet ce n'est pas forcément rester dans le silence. C'est surtout dire des mots vides, des mots qui s'évaporent dans nos insouciances et qui se diluent dans nos contradictions. Ne rends pas non plus ton cœur muet. Ne lui offre pas le regard vide qui ne sait pas voir la beauté de la Nature, car si les êtres te paraissent laids, il te suffit de prier un peu et d'orienter ton cœur vers un peu de paix pour cesser de souffrir. Essaie.

Et cette vie nous rend sourds. Nous nous parlons sans nous comprendre. Nous nous écoutons parler et au final nous nous enfonçons dans cette surdité qui aliène. Apprends à ton cœur à entendre, à parler et à regarder. L'amour est juste là, à nos côtés et la vie est si fragile. Jésus (psl) a semé des graines d'amour qui ont germé 20 siècles durant. Et les humains sont si peu capables d'offrir un peu d'amour le temps de quelques secondes. Si tu n'arrives pas à trouver la paix, impose-toi l'humilité et la remise en question et dis tes peines à Celui qui entend tout. Dis-les quand personne ne peut t'entendre, dans le secret intime de ton cœur et dans le silence reposant des mots que tu murmures.

19 Juin 2017

25ème Jour

Pardonne-toi...

Chacun(e) avance dans cette vie avec son "tas de briques", son fardeau et ses épreuves. Personne n'est oublié. Nous avons tous vécu le sentiment de solitude, l'abandon parfois, l'injustice, la trahison et des blessures très difficiles à réparer. Les êtres qui arrivent sur notre chemin pour nous aimer en font souvent les frais. On s'en veut de ne pas avoir assez de cœur pour les accompagner. On s'en veut d'être trop fermés à cause de nos douleurs. Pourtant il est difficile d'offrir sa confiance. Mais peu importe. La vie vaut la peine d'être vécue car ce "tas de briques" tu es capable de le porter et d'avancer avec. Lutte jusqu'à la fin et la sagesse habitera ton cœur. Et pour arriver à ne jamais faire payer aux autres ton passé et à ne jamais leur faire subir, tu dois apprendre à te pardonner.

L'humain a cette fâcheuse tendance à être dur envers lui-même. Se pardonner c'est se réconcilier avec ses douleurs. C'est comprendre que nous ne sommes pas responsables de ce que nous avons subi. C'est ne jamais se condamner car il y a un Être au-dessus de toi qui te regarde avec amour et qui guidera tes pas à chaque effort que tu feras sur toi-même. La clé est là : comprends tes blessures et tu sauras quel chemin tu devras prendre. Si tu ignores tes douleurs, tu auras pris le chemin du mensonge. Ne mens jamais à ton cœur.

Si nos blessures existent c'est pour commencer une quête qui va nous façonner. Personne ne vient à la vie avec un logiciel prêt à l'emploi. Ta vie est une quête de sens et tu apprendras à être en paix avec toi-même si tu connectes ton cœur à la sagesse que tu tireras de tes épreuves.

20 Juin 2017

26ème Jour

Un autre lieu, d'autres gens, une autre ambiance mais toujours le même lien qui unit celles et ceux qui communient ensemble autour du sens du jeûne. Chacun(e) donne de sa personne et souhaite aller vers sa propre paix intérieure.

Et cette nuit est unique : la Nuit du Destin. C'est au cours de cette nuit que le Prophète Muhammad (bsdl) a reçu la Révélation, premières paroles du Coran, première mélodie qui allait s'enraciner dans son cœur. Et c'est à ton tour de prier. Le Prophète (bsdl) était en quête et il s'est isolé de ce monde pour se rapprocher de son être et du Divin.

Alors vas-y, c'est le moment du dialogue avec Dieu. Les portes du ciel seront grandes ouvertes et envoie les maux de ton cœur. Dis tes épreuves. Libère tes peines et dis-toi que le but de tes prières sera de te sentir léger pour mieux vivre les tensions de ce monde.

Quant à moi je prierai aussi. Pour les êtres aimés. Pour vous tous qui nourrissez mes mots, des mots que je vous offre pour aller ensemble vers ce qui nous fait être. Prenez soin de vous et n'oubliez pas de prier. Parlez à Celui qui entend chaque battement de nos cœurs. La vie est courte et le temps est à l'Amour et à la Paix. Construis cet amour car personne ne construira ton bonheur à ta place.

Que vos prières soient douces en vos cœurs.

Marrakech, 21 Juin 2017

27ème Jour

J'ai écouté mon cœur. Mes battements intérieurs répondaient à la Nuit du Destin. À l'écho de nos peines, aux mots de nos prières, à la paix que tu cherches, aux épreuves qui te grandissent... Au souvenir des êtres disparus. Ils ont laissé tellement de traces en nous que leur absence ne peut effacer leur amour. Ils nous ont aimé...et c'est l'essentiel.

J'ai entendu vos cœurs et j'ai mentionné vos noms dans mes prières, pour celles et ceux qui me l'ont demandé. Je n'ai oublié personne. Et Dieu décidera. J'ai demandé Son Amour, Son Pardon et Sa Présence. Seigneur, nos cœurs sont en quête de paix et ne nous impose pas des épreuves que nous serions incapables de porter. Parfois nous arrivons au bord de nos limites et nous prenons conscience de nos faiblesses, mais le sentiment de Ta Présence nous aide à avancer. La force est dans le sens que nous donnons à cette vie. Soigne ton chemin. Rends-le propre et ne désespère pas de connaître le bonheur.

J'ai posé le front à terre. J'ai entendu vos larmes, j'y ai mêlé les miennes. Parfois j'avais l'impression d'être dans un torrent d'eau glacée qui dévaste tout sur son passage... et l'aube m'a fait entendre comme la douce mélodie d'un ruisseau qui passe. Nous sommes en quête de paix. C'est un effort, mais son aboutissement est tellement beau et si apaisant.

Que votre nuit soit belle...

Marrakech, *22 Juin 2017*

28ème Jour

Le monde que tu observes autour de toi te questionne. Il nous arrive de vivre au milieu des immeubles, du ballet incessant des moteurs et au milieu des humains qui ressemblent à des ombres. En écoutant ton cœur, tu entends tes limites et tu comprends son étouffement grandissant. Le cœur n'existe que pour battre sereinement et à toi de l'emmener vers la paix. Il exprime sa tension et tu as la responsabilité de le nourrir spirituellement pour le garder en vie et pour qu'il t'apprenne à trouver le sens.

Dans ce monde, il y a ceux qui croient en Dieu, ceux qui refusent d'y croire, ceux qui n'y croient plus, ceux qui essaient de Le trouver et ceux enfin qui croient qu'une Puissance Unique existe. L'humain tend vers une quête de paix. Lorsque nous prenons conscience que notre être s'aliène, nous devons retrouver notre authenticité et notre sincérité. Le cœur doit voyager dans ses propres émotions pour mieux se connaître. Tu ne saurais connaître le monde si tu ne te connais pas toi-même. Et tu ne saurais aimer le monde si tu ne t'aimes pas toi-même. Je ne parle pas de narcissisme, mais de confiance en soi et d'estime de soi. Ne condamne jamais ton cœur, car toi seul(e) a le pouvoir de l'embellir. Mais si un jour tu ressens que ton cœur t'échappe, fais au moins l'effort de choisir le bien pour toi et pour ta vie.

Ce monde est une recherche permanente d'équilibre. Nous sommes tentés de basculer dans l'excès mais le juste milieu est nécessaire et vital. La maîtrise est l'une des choses les plus difficiles et on y arrive tant que nous prendrons conscience que cette vie n'est qu'une initiation pour devenir meilleur chaque jour.

Marrakech, le 23 Juin 2017

29ème Jour

Le mois de Ramadan pose le vrai sens de "Vivre sa foi". C'est le sentiment de posséder quelque chose d'important, quelque chose dont il faut prendre soin en son cœur et qui est "lourd" à porter. Ce n'est pas un poids. C'est seulement une paix que l'on porte. On la ressent et on la prend comme une responsabilité.

La foi c'est le vêtement du cœur, un bel habit qui protège et qui rend beau notre intérieur. Il n'y a pas de foi uniforme. Ne cherche pas à ressembler aux autres dans leur pratique ou dans leur comportement. Reste toi-même. Il ne s'agit pas de trouver "la" voie. Il suffit seulement de trouver "sa" voie. Ne laisse personne t'imposer des choix. Ton cœur s'en chargera. Il faudra l'écouter.

Tu trouveras sur ta route des "signes", des êtres qui pourront te montrer le chemin sans te forcer, en te disant leur amour et la force de leur présence. Garde cette foi en ton cœur car elle est un cadeau. Et si tu n'arrives pas à la ressentir totalement, ne te penses pas hypocrite. Chaque effort que tu feras va libérer un verrou, et chaque porte que tu ouvriras te fera découvrir un beau paysage à l'intérieur de toi. Sois patient(e). 29 jours viennent de passer et tu as fais le tour de tes insuffisances et tu as souvent repris

contact avec ton cœur dans la paix. Alors cherche "ta"
voie dans cette vie et ton cœur te dira merci en t'offrant
un bel amour.

Marrakech, le 24 Juin 2017

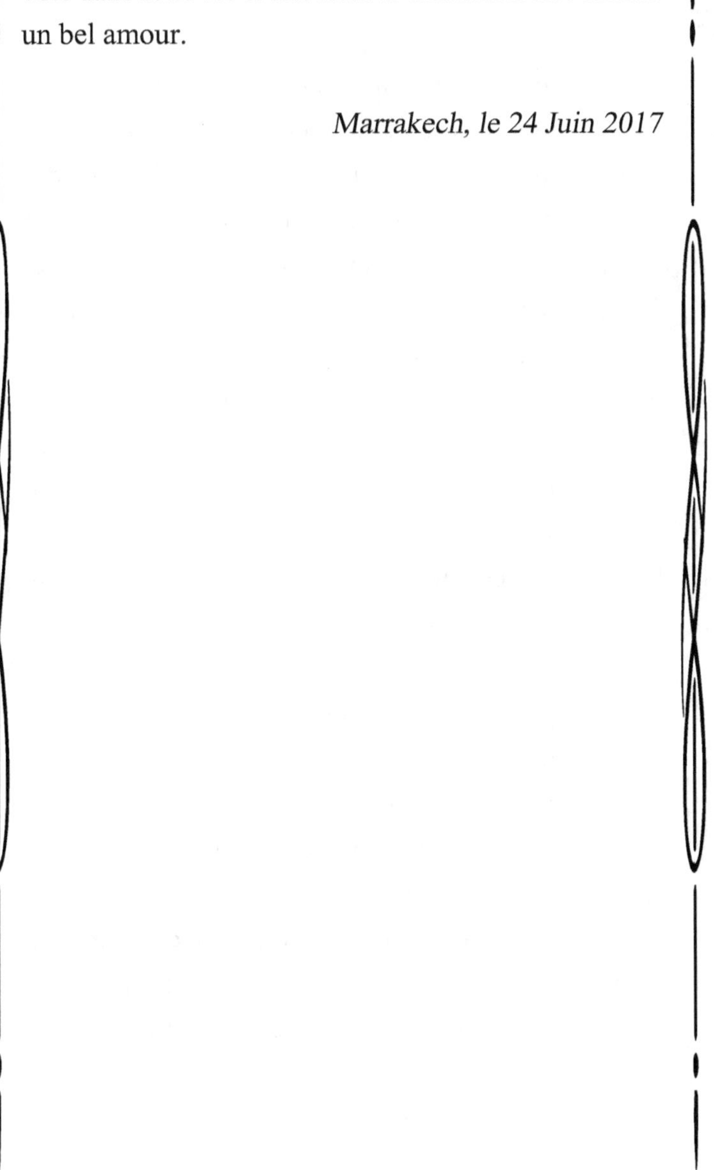

Jour de Fête

Aïd Moubârak

C'est dans un jour comme aujourd'hui qu'on prend conscience de l'importance d'avoir une famille auprès de soi et des êtres aimés. Les jours de fête sont l'épreuve de nos liens familiaux. Alors, j'ai d'abord une pensée très profonde pour celles et ceux qui vivent seul(e)s cette Fête de Ramadan. Celles et ceux qui ont perdu des êtres chers cette année, qui n'ont jamais vraiment eu de famille, qui n'ont jamais dit les mots "mère et père", qui ont été rejetés par leurs proches ou celles et ceux dont les blessures sont tellement profondes que le mot "famille" ne veut plus rien dire. À vous tous je vous souhaite une belle journée en ce jour de fête pour tous ces musulmans à travers le monde.

Et j'ai aussi une pensée sincère pour toutes ces personnes qui ne sont pas musulman(e)s mais qui ont partagé ce mois avec nous. Que Dieu vous bénisse et garde nos liens toujours aussi forts. Toutes les fêtes, toutes confessions confondues éprouvent notre amour et nos capacités à pardonner. Le mois de Ramadan s'en est allé. On retiendra nos "axes d'amélioration" et il faudra continuer sur le chemin de la remise en question et de la paix intérieure. L'initiation était belle et il faut continuer.

Merci à toutes et tous de m'avoir accompagné pendant ce mois. J'ai offert des mots, vous avez offert vos vies et vos émotions. J'ai prié pour vous et je vous remercie pour vos prières. La danse des mots continuera dans nos cœurs. Elle ne devra jamais s'arrêter. Prenez soin de vos proches. Que chaque jour soit une fête dans vos cœurs et offrez de l'amour au monde, sans aucune distinction. La foi n'enferme pas, elle apaise et grandit. La foi n'est pas un fardeau. Elle doit nous rendre plus humain pour faire du bien aux gens, prendre soin de notre planète, respecter notre corps et nous permettre de continuer jusqu'à la mort nos dialogues intimes avec Dieu. Prenez soin de vous.

Aïd Moubârak Saïd.

Marrakech, le 25 Juin 2017

Que Dieu vous aime, vous garde et vous accompagne...